A cura pela verdade

DANIEL NASSER

A cura pela verdade

Lições para autoconhecimento e evolução pessoal

© 2022 - Daniel Nasser
Direitos em língua portuguesa para o Brasil:
Matrix Editora
www.matrixeditora.com.br
/MatrixEditora | @matrixeditora | /matrixeditora

Diretor editorial
Paulo Tadeu

Capa, projeto gráfico e diagramação
Patricia Delgado da Costa

Revisão
Adriana Wrege
Silvia Parollo

CIP-BRASIL - CATALOGAÇÃO NA PUBLICAÇÃO
SINDICATO NACIONAL DOS EDITORES DE LIVROS, RJ

Nasser, Daniel

A cura pela verdade / Daniel Nasser. - 1. ed. - São Paulo: Matrix, 2022.
144 p.; 23 cm.

ISBN 978-65-5616-206-5

1. Verdade - Aspectos psicológicos. 2. Cura pela mente. 3. Espiritualidade. 4.Teoria do autoconhecimento. I. Título.

22-76099   CDD: 153.4
                                                                               CDU: 159.947

Meri Gleice Rodrigues de Souza - Bibliotecária - CRB-7/6439

Dedico este livro a todos os buscadores da consciência, sobretudo aqueles que me ajudam e continuamente me ensinam a fazer o mesmo.

Introdução

Até há pouco tempo eu era mestre em me desviar da verdade. Precisei lidar com muitos erros, gatilhos emocionais e momentos cruciais para perceber que algo em mim tinha de ser transformado. Não era uma inadequação passageira, algo que se resolveria com o passar dos dias.

Durante anos ignorei os sinais de alerta que se acomodavam em meu acervo mental, e colecionar desacertos se tornou o meu passatempo preferido, ainda que muitas vezes de modo inconsciente. Quando esse acúmulo transbordou, levou toda a minha energia mental e espiritual. Havia um padrão de comportamento e de escolhas que me distanciava do equilíbrio interior, levando ao mesmo resultado: frustração, solidão e medo.

Foi por isso que, em 2018, cansado de tropeçar e recomeçar sempre do mesmo lugar, iniciei o meu processo de cura, por meio de um profundo trabalho de autoconhecimento, que envolveu estudos em psicologia, filosofia, física, misticismo e religião. Eu queria saber o que se passava comigo e enfrentei uma das tarefas mais difíceis da vida: o autoconhecimento.

Entender a importância da harmonia espiritual foi o primeiro grande passo nessa jornada. Eu reconheci que precisava encontrar o meu lugar no mundo e buscar o equilíbrio. Era hora de abrir uma pequena janela para rever conceitos enraizados que me afastavam da verdade. Foi quando entendi um ensinamento que carrego até hoje: a distância entre o erro e o acerto é muito pequena, e, se bem trabalhado, o erro se incorpora ao crescimento e vira aprendizado, vira conhecimento.

Na gematria (também conhecida como numerologia cabalística, um estudo do valor numérico das letras de uma palavra, para revelar seu significado não apenas literal, mas também oculto) existe uma grande semelhança entre as letras CHET e HEY. CHET [ח] significa "desviar, errar o alvo"; HEY [ה] representa vida, significa "respiração ou suspiro" e é associada a divindade. Veja como a representação da letra HEY é quase idêntica à da letra CHET: ח e ה.

Existem diversas explicações sobre como uma pequena mudança em uma letra pode se transformar em outra, gerando um sentido completamente diferente. Assim é a nossa relação com a verdade. Quando se abrem as portas do conhecimento, abre-se uma pequena janela, e a letra CHET [ח] pode se transformar na letra HEY [ה]. Em outras palavras, o erro cometido pode se transformar em acerto divino.

É isso que eu vejo quando nos desviamos da verdade. Ficamos presos ao ח quando temos atitudes, ações ou pensamentos que nos afastam desse caminho, nos distanciando daquilo que realmente eleva e promove nosso equilíbrio energético. Ao abrir um espacinho para nosso ח se transformar em ה, rumamos ao único e verdadeiro despertar espiritual.

Não é fácil fazer as pazes com o passado. Perdoar e pedir perdão são atitudes libertadoras, mas exigem tempo, maturidade e, principalmente, fé e conhecimento. Aprendi que um conjunto harmônico entre a emoção e a razão, entre o corpo e a alma, nos guia ao crescimento espiritual. Desde então, o que alimenta a minha eterna busca pela verdade é harmonizar a minha voz interna com meu posicionamento diante do mundo. Ao me aproximar cada vez mais de uma única verdade, mergulhei em uma árdua busca existencial, cuja recompensa é me aproximar da plenitude. E foi assim que surgiu esta obra que você tem em mãos, pois compartilhar esse aprendizado é parte do meu processo de cura. A cura pela verdade é uma seleção de conceitos que me guiam no caminho, garantem a minha harmonia espiritual e não permitem que eu me desvie dessa busca. A cura ocorre por meio da verdade, mas também por causa dela.

Você pode se perguntar: mas será que não existem diversas verdades? A minha resposta é não. A verdade é uma só. O que existe são diferentes interpretações. O paradoxo é que, se considerássemos inúmeras verdades, não haveria verdade alguma. Dissemos que o sol nasce para todo mundo. Alguns podem não enxergar o sol, porque está atrás das nuvens, ou porque estão fechados em um quarto escuro; outros alegam que ele não está de fato "nascendo", porque "nascimento" representa outra coisa. Mas o ciclo do sol existe, e isso é um fato. A forma pela qual cada um vivencia esse fenômeno é relativa e diversa, porém nenhuma dessas perspectivas tem o poder de anular a existência do sol. Por isso, a verdade é absoluta, atemporal, coletiva e universal.

Se você está segurando este livro, também é um questionador da verdade. Mas, para isso, é preciso reaprender a senti-la. E podemos começar esse trajeto juntos. Descobri, na minha jornada, que o maior aliado da cura energética de todo indivíduo é o conhecimento, que nos encaminha devidamente à prosperidade espiritual. Neste livro há trechos mais reflexivos, outros, de identificação imediata, outros, ainda, menos acolhedores, mas com certeza eles o ajudarão a retornar à sua verdade, para você se adequar e buscar o seu equilíbrio espiritual. É o que a Kabbalah chama de teshuvá, ou o "retorno", ou seja, traçar o caminho para conhecer aquilo que você sempre foi, mas, agora, observando-se de um lugar de consciência.

Se a sua intenção é buscar a verdade – e estou certo de que sim, pois, por força da atração ou do destino, você está prestes a folhear estas páginas –, seja bem-vindo. E parabéns pela sua coragem de aceitar a sua jornada da cura por meio da verdade. Essa missão é o verdadeiro e único caminho do autoconhecimento, que nada mais é do que a posologia para a cura individual e, consequentemente, para a cura universal.

Com humildade, meu desejo é ensiná-lo a empreender essa caminhada. E é com consciência que ensino o que mais tenho a aprender.

Seu amigo de alma,

Daniel

Não sei se as pessoas se dão conta da força
necessária para sair de um lugar escuro.
Se você já fez isso, parabéns!
Tenho muita admiração por você.

A vida, em grande parte,
acontece durante os entretempos,
quando estamos comemorando ou
contemplando absolutamente nada.

Tudo é temporário, menos você.
Você já é e sempre será.
Acostume-se com a ideia de se sentir bem.

Que o bem que você fez aos outros
se multiplique e retorne
para você rapidamente.

É a gente que alegra a vida,
e não a vida que alegra a gente.

Relacionamentos são investimentos,
não hobbies.
Relacione-se com um propósito.

Seja aquilo que você quer
que o mundo veja.

A vida fica muito mais simples quando
você para de se explicar aos outros
e faz o que funciona para você.

Não importa quanto você regue.
Uma flor morta nunca crescerá.

Não deixe o medo determinar
a sua verdade.

Ponha as coisas no seu devido lugar.
A sua força é sempre maior do que
os seus medos.

Se algo não lhe traz amor,
paz ou energia positiva,
não se empenhe.

Você não está sendo egoísta
ao querer ser bem tratado.

Um pedido de perdão seguido
pela mesma ação que machucou
não é perdão, é mentira.

Sim,
você pode ser uma boa pessoa,
ter um bom coração,
ser uma alma elevada
e ainda dizer
não.

Quanto mais falso sou,
mais fácil me amar.
Quanto mais verdadeiro,
mais fácil me odiar.

Escute para entender.
Não pense em si e em seus argumentos.
Isso é comunicação por empatia.

O sofrimento informa que algo tem de ser corrigido, transformado, curado.

Todo padrão repetitivo tóxico sinaliza que algo essencial ainda precisa ser corrigido.

O maior ato filantrópico é doar-se a si mesmo.

É no amor-próprio e na autocura
que se encontra o caminho
para se enxergar e, depois, se doar ao outro.

É comum achar que precisamos de
muita coisa para a nossa cura.
Porém, muitas vezes,
a cura só é possível na falta.

Nem todos dirão isso, mas, às vezes,
a cura dói mais que a ferida.

O primeiro passo para
qualquer processo de cura
é a observação.

É na aceitação que começa a cura.

A paciência é um elemento fundamental
em todo processo de cura.
Não é à toa que ao buscarmos a cura física
ou mental somos "pacientes".

Até uma pessoa se curar,
ela será tóxica a qualquer outra
que tentar amá-la.

O conhecimento é o maior aliado
na cura energética de qualquer indivíduo.

Algumas crenças nos limitam, outras nos
fortalecem. Saber quais descartar
é uma jogada de mestre.

Quando você se cura,
o universo envia mais pessoas
para você ajudá-las
a se curar.

Não ache que o curandeiro não sente dor.

Uma pessoa que passa por
qualquer transformação
também se transforma
em um ser curador.

Tentar fazer alguém mudar é negar a
necessidade da própria mudança.

Tenha cuidado ao querer achar sentido
em algo ou algum acontecimento.
Raramente você estará certo.

A cura é uma rega diária.
Crie o hábito de alimentá-la diariamente.

Contar a sua história
sem afetar a sua postura
é a confirmação da sua cura.

Se a inconsciência vive pela ignorância,
a cura vive no conhecimento.

Pode até ser que o conhecimento
não faça você sofrer menos,
mas certamente pode poupá-lo
de sofrer mais.

Certas pessoas em sua vida
merecem a sua explicação.
Muitas outras, não.

Você aí penando para os outros gostarem de você, quando nem de si mesmos eles gostam.

Aquilo de que você não gosta também não gosta de você.

Se já é difícil se controlar,
imagine, então, controlar o outro.

A angústia tem a tendência
de impedi-lo de enxergar suas bênçãos.

Eles invejam você
porque o seu caráter
carrega mais peso
do que o título deles.

Se você tem um inimigo,
torça para que ele seja inteligente,
pois, quanto mais burro,
mais inconsequente.

Nós não merecemos os cachorros.
Não subestime a bênção
que é ter um ao seu lado.

Muita gente ama você.
Pare de focar quem não ama você.

Pare de seguir a multidão.
Ela está completamente perdida.

Não é porque você é de um mundo
que não pode se aventurar por outros.

Lembre-se de quem você é
para poder voltar,
uma vez que tenha a experiência
de ser um outro.

Quem se diz completamente livre
é prisioneiro do conceito ilusório
chamado liberdade.

Grandes decisões
vêm de uma mente tranquila.

Quem tem fôlego tem que remar.

Na vida não existe volta.
O caminho é sempre para a frente.

De um modo ou de outro,
estamos sempre andando para a frente
no nosso processo de cura,
mesmo quando parece
que estamos estagnados ou
andando para trás.
E a natureza nos ensina isto:
quando os planetas estão retrógrados,
eles não estão caminhando para trás,
mas fazendo seu percurso natural.

As pessoas mais legais
são também as mais assustadoras
quando você cruza os limites delas.

A vida não teria graça
se ela o tratasse bem o tempo todo.
Já conheceu alguém que
sempre trata você bem?
É insuportável.

Nem sempre gosto de onde estou,
mas gosto muito de não estar
mais onde estava.

Use a sua energia para acreditar,
e não para se preocupar.

No segundo em que você
aprende com o seu erro,
não é mais erro, é aprendizado.

Você não vai se consertar
quebrando outra pessoa.

Se você se sentir fatigado
após sentir-se bem,
não era alegria, mas euforia.

Um conselho para ser feliz?
Agradeça por tudo que lhe falta.

Não existe alegria desperdiçada.
Vibre à vontade.

Sua nova vida lhe custará a sua vida antiga.

Todos os nossos anseios nesta vida
se resumem a uma única necessidade:
amar e ser amado.

"Me faça feliz."
As três palavras fatais
em um relacionamento.

O verdadeiro foco mora entre
a ira e a serenidade.
Nem muito tranquilo,
nem estimulado demais.

Tristeza é beleza disfarçada.

Estimar-se não é egocentrismo,
é cuidar de si.

O que você não percebe na sua angústia
é que a maior causa dela
é o fato de você não ter respirado.
Respire!

Você não precisa mudar as coisas,
somente a forma como elas o afetam.

Achei que era uma alma gêmea,
mas foi apenas mais um aprendizado.

Às vezes, você não chega aonde quer
porque algo melhor o aguarda em outro lugar.

Os astros não se importam com
os seus problemas.
O sol continuará nascendo e você
continuará vivendo.

Nada nunca foi criado sem um propósito.

Se fosse a pessoa certa,
você não teria dúvidas, mas paz.

A agressão é uma forma de defesa.
Aquele que o agride teme você.

Livre-se da ilusão de que
"tudo poderia ter sido diferente".

É na elevação que você se firma na Terra.

Não minta a um pensador excessivo,
porque nunca acaba bem.
Essas pessoas treinaram a mente
para encontrar buracos em qualquer história.

Sexo bom e mentiras bem-arquitetadas
podem fazer uma pessoa perder anos de sua vida.

Carma não é prisão, mas livramento.

O carma existe para ser superado. Saiba que é mais fácil desprender-se dele do que carregá-lo.

Libertar-se é acertar as contas
com seu carma.

Carma não é "o que vai, volta".
É "o que você faz se torna
parte de você".

Primos são como irmãos,
sem o peso cármico.

Não é porque você carrega
um fardo sem reclamar
que ele não está pesado.

Nem nas épocas mais difíceis
todos os dias são duros.

Não estranhe momentos de leveza
durante uma grande crise.
É possível levitar,
mesmo em dias difíceis.

Em piscina rasa não se mergulha.

Dando certo ou não dando certo,
está tudo certo.

Usar alucinógenos ou entorpecentes
com o propósito de atingir a consciência
é como apagar a luz para enxergar melhor.

Você fica procurando inspiração nos outros,
mas a maioria também não tem ideia
do que está fazendo.

Não confunda sensitividade
com sensibilidade.
São mundos à parte.

Não presuma saber
o porquê de você estar onde está.

O que os olhos não veem
o coração inventa.

Fique em paz com seu passado
para focar o que vem pela frente.

Não conseguimos lutar
contra a escuridão interagindo com ela.

Há dias ensolarados que
nada têm a ver com o sol.

Quando as coisas não estão funcionando,
é o universo tirando você de uma fria.

Estagnação é quando o universo
insiste na resolução de algo
que ainda tem de ser transformado.

Pare de buscar problemas
em todas as suas soluções.

Se tudo nesta vida são sinais, nada é sinal.
Perceber os sinais de fato é uma das coisas mais
delicadas que existem.

Você pode até podar seu processo de evolução,
mas a semente sempre brotará de novo.

Você já foi criado como
o ser mais sofisticado por natureza.
Então, seja simples.

Existe um mundo de diferença
entre o "ser humano"
e ser humano.

Nada passa.
Tudo se transforma.

A ansiedade é gerada
quando estamos aqui
querendo estar ali.

A vida da qual reclamamos
é a mesma que muitos
pedem em suas orações
diariamente.

Em relação ao sustento material:
a segurança é fundamental,
o conforto é gratificante
e o luxo é dispensável.

Que a possibilidade de dar errado
não nos paralise.

A melhor opção
para encarar um desafio
é enfrentá-lo.

Sinta o alívio de poder olhar para dentro
sem perder o que acontece lá fora.

Você tem que se ajudar, custe o que custar.

O único animal capaz de crueldade
é o próprio ser humano.

Seja você.
Os outros podem não gostar,
e você não precisa se importar.

Se o seu caminho é mais difícil
é porque há um chamado maior.

Se você não gosta de algo,
tire desse algo o único poder que ele tem:
sua atenção.

Se algo preocupa você,
toque o seu dia a dia.
Se mesmo assim for pesado,
foque as sutilezas boas do cotidiano.

Noventa por cento de nossas preocupações
nunca acontecem.

A ausência da culpa não o isenta
da responsabilidade.

Escuridão
nada mais é que
a ausência de luz.
Não tem vida própria.

À noite, quando o seu quarto
estiver devorando você,
saia e deixe-o morrer de fome.

Estava com saudade de mim.
Que bom que eu voltei.

"Porque eu não estou a fim"
é razão suficiente.

Aceite aquela coisa principal
e aquela coisa específica
que devoram toda a sua vida.
E siga o baile,
livre!

"E da escuridão criou-se a luz."
Se estiver escuro por aí,
saiba que é o início (não o fim)
do processo de revelação da luz
em sua vida.

Não é preciso ver para poder enxergar.

Amar

é

verbo.

A pessoa certa fará com que você
se apaixone por si mesmo.

Você encontrará o amor
quando estiver pronto,
não quando estiver carente.

Amor é o abrigo,
não a tempestade.

A maior forma de intimidade
é compreender o outro.

O "para sempre" é agora.

Você não precisa gostar sempre
das pessoas que ama.

Chama-se amor quando alguém ajuda você,
mesmo carregando as próprias angústias.

Aquele que abandona o barco
cada vez que o mar se agita
nunca chegará à serenidade.

Uma pessoa sempre
em busca de conforto
irá se decepcionar
constantemente com a vida.

Uma vez que você faz a escolha,
ela se torna o seu destino.

Repare que todos os dias
começam à meia-noite.
Sempre que a escuridão chegar, abrace-a
como o início de um grande dia.

Não se esqueça do seu aprendizado
sobre a humildade
quando seu valor for reconhecido.

Que a sua humildade cresça
na mesma proporção de suas conquistas,
e que você receba em demasia, sempre!

Pedir ajuda é um ato de humildade.

Expressar-se é um ato de coragem e valentia.

Não há nada mais egoico
do que negar o próprio ego.

Qualquer santuário, casa de oração ou meditação
é campo de batalha entre seu ego
e sua essência.

Essência é aquilo que fica
quando nos livramos das ilusões
construídas pelo ego.

Ego é um estágio necessário a se viver
para reconhecer aquilo que você não é.

O ego nunca perderá uma discussão.
Ao reconhecê-lo no outro,
contenha-se imediatamente.

O ego cresce quando recebe;
a alma, quando doa.

O maior limitador da consciência é o ego.
Ele coloca limites, e nunca possibilidades.

Muitas vezes temos de perder tudo
para reconquistar a partir de um
nível de consciência mais profundo.

Hoje, na rua, alguém de chapéu,
óculos de sol e máscara acenou para mim.
Incrível como as pessoas acham
que podemos enxergá-las como elas
incansavelmente se enxergam.

Não é necessidade, é ego.

Não é fome, é tédio.

Se eles realmente quisessem,
já teriam feito.

Há dias em que só nos resta
ignorar tamanha ignorância.

Muitas vezes,
quando nos encontramos em
uma situação delicada ou desafiadora,
precisamos de alguém de fora
que identifique aquilo
que dentro de nós
já sabemos.

A dor é temporária.
O medo da dor, eterno.

Na dor somos todos iguais.

O medo só pode ser curado com afeto.

Atrás de toda pessoa raivosa
existe um ser ferido,
assombrado e medroso,
estimulado por uma carência afetiva.
Essa é a definição de carência de afeto.

A carência afetiva
não é necessariamente a falta de afeto,
mas um desejo insaciável de tê-lo.

Desejar libertar-se do desejo
também é desejo.

Quanto maior o apetite,
maior o sofrimento.
Deseje com moderação.

Em um mundo de mentiras,
os contadores da verdade
são os mentirosos.

Paciência.
Quanto mais difícil,
mais necessária.

Para evitar pesadelos,
não deixe de sonhar.

O medo de falhar
é um tipo de dor.

Está na hora de você começar
a fazer as pessoas entenderem
que é um privilégio
estarem na sua vida.

Não é preciso adivinhar.
As ações mostrarão
quem eles realmente são.

O silêncio é a melhor resposta para alguém
que, de qualquer forma, não escutaria você.

O objetivo de qualquer escalada
ao céu é sempre voltar mais firme à terra.

Você é tudo o que tem.
Mas também tudo o que precisa.

Não deixe o medo determinar a sua verdade.

Zero esforço,
zero resultado.

Nem sempre a sua escolha
determina o resultado.
Ela determina apenas
a qualidade do que você escolheu.

O poder da escolha termina na própria escolha.
O que vem a seguir não é necessariamente
uma consequência dela.

Se o ser humano fosse bem-sucedido
em todas as suas escolhas,
estaríamos extintos há tempos.

A mesma escolha em diferentes momentos
não conduz necessariamente
ao mesmo desfecho.

Mágica é o que acontece depois do seu esgotamento, quando todas as possibilidades desaparecem, mas você continua insistindo. Nesse momento, o impossível acontece.

Mágica é a arte de manipular a forma, jamais seu conteúdo.

Se você não acredita em milagres, você não é um realista.

Acostume-se a se comparar mais
com quem tem menos e
menos com quem tem mais.

Você já pensou que parece sempre injusto
não termos mais, mas nunca injusto
por não termos menos?

O mundo é justo, só não da forma
como o enxergamos.

Reconhecer que algo está errado é diferente de
reclamar ou pedir por justiça. Foque a solução,
e não as inquietações que ela traz.

Resolver o que está fora do lugar é importante.
Mas há muito menos a ser resolvido
do que você imagina.

Nossa constante relação com a infelicidade
provém da ideia de que
nada nunca pode dar errado.

Já percebeu que é enorme a quantidade de coisas que diariamente se alinham para que a sua vida não dê errado? Reconheça esses movimentos.

O sobrenatural também é natural, só é menos comum.

Substitua o seu texto tóxico por um "OK" e sinta a dinâmica da conversa mudar por completo.

Quanto mais desrespeitado,
mais calmo você tem de ficar.

Saiba a hora de ir embora.

Você pode perdoar alguém que
ainda não se arrependeu.

Está na hora de ser feliz de novo.

Você pode desistir de muita coisa em sua vida,
mas jamais de si mesmo.

Aquilo que transborda
nem sempre provém de uma falha,
mas de um acúmulo.

Manifeste-se em silêncio.

O seu pensamento agora está elevando ou consumindo a sua energia?

Quanto mais rápido algo se transforma, maior é a explosão.

É melhor se transformar no momento de escassez
para aproveitar melhor a abundância.

Intenção sem ação move pouco.
Ação sem intenção move mais.
Mas ação com intenção move o universo.

O esforço é um reflexo do interesse.

Ser sábio é tolerar a ignorância.

O conhecimento está aí para abrir caminhos.
Mas a vida acontece além da mente.

Aqueles que sabem
sofrem pela ignorância dos outros.

Sonhador demais é
quem acredita que pode ser livre
sem assumir responsabilidades.

O próximo capítulo da sua vida
deixará algumas pessoas
ruminando que deveriam ter
tratado você melhor.

Uma pessoa tóxica, quando erra,
para de falar com você
em vez de se desculpar.

Não podemos apagar memórias,
mas podemos liberar a energia ruim
ligada a elas.

Não se diminua para o outro digerir você.
Deixe que ele se engasgue.

Nenhum ser humano tem o poder de fazer
de você uma vítima.
Ninguém faz nada a você,
só traz algo a você.

O foco reside não no que você faz,
mas no que você escolhe ignorar.

O sucesso nunca é conquistado,
mas emprestado.
E esse empréstimo vence todos os dias.

A vitória nada mais é
do que o somatório e o reconhecimento
de todos os nossos fracassos.

A vitória começa no primeiro passo
que se toma para poder alcançá-la.

Não existe "gol da vitória",
porque ninguém vence só no final.
O último gol consagra a vitória
tanto quanto o primeiro.

Em uma corrida,
a chegada não faz de você vencedor,
ela apenas consagra a sua vitória
construída ao longo do caminho.

Não é porque Deus já sabia de sua decisão
que você não escolheu. A escolha sempre é sua.

Se não for vontade de Deus,
também não é a sua.
Não se engane.

O Deus em que você não acredita não existe.

Alguém que se diz ateu muitas vezes
é mais espiritual que um devoto,
pois ele se recusa a definir Deus e sua existência
como uma forma ou como um ideal.

Toda criação tem um criador,
e toda criação tem um propósito.

Quanto mais sofisticada a criação,
mais sofisticado seu criador.
Imagine, então, o seu criador.

Toda criação tem um propósito,
mesmo que a criação não saiba qual é.

O Divino por definição não tem falhas.
É infalível e, portanto,
o único ser plenamente confiável.

Se você é livre para ser o que quiser, seja bom.

Pequenos sinais servem
como grandes divisores
entre o medo e a fé.
Vale a pena enxergar.
Vale a pena perceber!

Sensibilidade é percepção aguçada.

O principal motivo
de quase todos os nossos problemas
é a ingratidão.

Preserve a sua energia para
resolver melhor os seus problemas.
Preocupar-se além da conta não significa
dedicar mais atenção a eles.

É fácil reconhecer
quando algo precisa ser mudado,
o difícil é aceitar.

Quem se define limita-se
à sua própria perspectiva.

Definir: dar fim a.

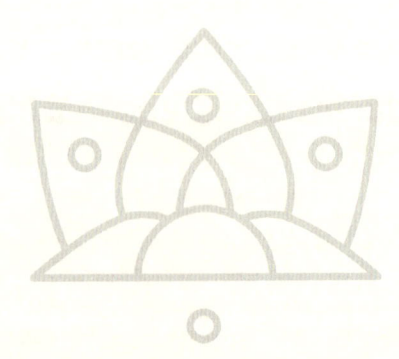

A sua dor
não justifica
a sua agressão.

A raiva é a sua própria armadura
sufocando você.

Paz interior é reconhecer:
Que você se basta como é. Que a paz já
está em você. Que o desafio é mantê-la.
Diariamente.

Não busque o conhecimento só para entender.
Ele também serve para aproveitar
as experiências da vida.

Agradeça aos seus gatilhos.
São eles que dão a largada
no seu crescimento.

A harmonia energética acontece
apenas quando há união
entre mente e coração.

Ensine aquilo
que você mais tem a aprender.

Ao ensinar,
um mestre aprende mais
sobre si mesmo.

O corpo é o único instrumento
que a alma tem para manifestar sua luz.
Cuide dele com sabedoria.

Os maiores aliados de todo ser humano,
em qualquer batalha, externa ou interna,
são o conhecimento e a sabedoria.

A raiva mata qualquer sabedoria.
Em um instante você pode esquecer o que levou
uma vida inteira para aprender.

Nem todas as escolhas são cronológicas
nem devem ser vistas pela lente do tempo.
Há momentos em que você acredita ter
uma escolha a ser feita, mas, na verdade,
ela já foi feita há muito tempo.

Não existe salvação sem o conhecimento.

Não é necessário o anarquismo
para defender ideias progressistas.

Se as pessoas soubessem quão perdidas ficariam
sem as diretrizes que nos são impostas,
não as afrontariam com tanto vigor.

De nada adianta o conhecimento
se o coração não se harmoniza com a razão.

Na pessoa arrogante
nada de bom entra,
nada de bom sai.

Você pode escolher ser bom
ou ruim para o outro,
mas não tem como escolher se será
bem-sucedido no seu intento.

Assim que você decide ser bom,
a má inclinação desperta.
É a provação dando as caras
para fortalecer aquilo que é bom.

Saber é sentir, e esse sentir
é o nível mais alto da sabedoria.

Confie no coração para sentir
e na mente para assimilar.

O impulso é essencial
enquanto for supervisionado
pela consciência.

A emoção não é inimiga do intelecto,
eles são sócios codependentes.

O entendimento pleno é uma ilusão
criada pela arrogância.

Saber não é entender.

Somos mestres em ensinar
sobre tudo aquilo
que ainda temos a superar.

Repita isto todos os dias de sua vida:
não entendo nada,
mas aceito e acredito que
TUDO é para o bem.

O eu observador
nunca pode coexistir
com o eu sofredor.
Enquanto observo, não sofro.
E, enquanto sofro, não observo.

O prazer e a dor ludibriam
a nossa neutralidade.
Ambos devem ser tratados
como hóspedes provisórios
de uma perpétua verdade.

Você pode me conhecer,
mas não faz ideia
de quem eu sou.

Se tirassem a dor que lhe causaram,
você perderia a força que ganhou.

Não sei o que me incomoda mais:
sair da zona de conforto
ou ficar nela.

Sofremos com tudo aquilo que nos falta,
quando na verdade
a única coisa que nos falta
é a aceitação.

A lei da causa e efeito é real.
Se você não entender a causa,
tampouco entenderá os seus efeitos.

No minuto em que você reagiu a algo,
deixou de ser proativo.
Toda reação anula qualquer proatividade.

A reação à sua realidade determina
a sua próxima realidade.

Reagir é trazer de volta
toda a energia que lhe fez mal.

Saber não é entender.
Se você tentar entender tudo que sabe,
colocará em risco aquilo que aprendeu.

A prece é inimiga do orgulho.
Ela é a confirmação de que nem tudo
está em nossas mãos.
Na verdade, quase nada.

A ideia de que pouco está em nossas mãos
não deve ser assustadora,
mas reconfortante.

O acreditar é inimigo do saber.
E eu não creio em Deus,
eu sei que Ele existe.

Deus precisa de você na mesma medida
em que você precisa Dele.

Se Deus os perdoa,
quem é você
para não tolerar?

Às vezes, Deus manda algo de volta na sua vida
para ver se você ainda é um imbecil.

Deus o carrega a todo momento.
Porém, até onde sua confiança
nele permitir.

Deus criou a luz,
mas quem a revela
somos nós.

Fé é enxergar aquilo
que não podemos ver.

Fé não é entender, é vivenciar.

Espiritualidade é uma qualidade natural
do nosso estado mental.

Ascensão espiritual é
quase sempre gradativa.
O resto é ilusão.

Nada virá quando você quiser,
mas quando estiver pronto.

Toda criação é feita para funcionar.
Independentemente de quem você for,
você foi feito para dar certo.
Lembre-se disso.

Criação é a manifestação física do que habita no
espírito. A criança é um ser puro, pois ela vive no
recreio e é inteira criação.

Você não sofre pelo que aconteceu,
mas por aquilo que ainda não aceitou.

A linha entre a quietude e a ação
é provavelmente a mais tênue de todas.

Não é porque você fez ou não fez,
que algo ainda não aconteceu.
Seu tempo vai chegar.

Pode parecer que está demorando,
mas o tempo sempre chega
e chegará pra você também.

Aquele que ainda relaciona
a libido apenas ao sexo
não amadureceu o seu instinto de vida.

O "não merecimento"
é o maior sabotador daquilo que,
por mérito, você já conquistou.

A morte é temporária.
A vida, eterna.

Agradeço todas as manhãs
quando ouço o galo cantar.
Ele reconhece que o dia se sobrepôs à noite,
e eu sinto que posso começar de novo.

Existem anjos para cada elemento do universo e
também para você. Então, não se preocupe,
pois você está sendo cuidado, e quem está guiando
você não se distrai nem tem outra função.

O universo só tem permissão
para lhe enviar aquilo
que você está pronto para receber.

O universo só tira de você o que é obsoleto.
Se você precisasse, ainda teria o que perdeu.

Só quem estava dormindo pode despertar.
O universo não se interessa
em ressuscitar os vivos.

Trabalhe a sua
qualidade divina
de poder escolher.
No resto, a natureza é
instintivamente superior.
O coelho é mais rápido;
o leão, mais forte;
a cobra, mais ágil.
O mar, mais grandioso;
o sol, mais poderoso.
Mas nenhum deles
tem a escolha.
Então faça aquilo
que a natureza
depende de você:
escolha bem.

Não importa quanto treine, você nunca será mais rápido que o coelho, mais forte que o gorila, mais ágil que a cobra. Os animais são puro instinto, mas nós somos pura escolha.

Há sempre a dúvida entre
o que é destino e o que é escolha.

Não existem atalhos, só caminhos.

O perigo dos atalhos e dos artifícios para a espiritualidade é confundir visão com ilusão.

O presente constrói seu futuro.
Se é o amanhã que inquieta você,
foque-o agora.

O tempo também é material.
O espiritual é atemporal,
portanto o tempo vive pela matéria.

Grandes pessoas não fazem
outras pessoas se sentirem pequenas.

Muitas vezes os interesseiros, narcisistas ou psicóticos são bem-sucedidos porque as pessoas normais não acreditam que exista tamanha falta de empatia.

Alimente seus medos e eles crescerão. Alimente a sua força e os medos sumirão.

A ignorância não protege a felicidade, ela abraça a ilusão.

Você pode até culpar o mundo pela tristeza que
o rodeou, mas quem cuida da sua felicidade
é você mesmo.

A felicidade muitas vezes é mais complexa
do que a própria tristeza.
Ser feliz é um comprometimento
e exige grande valentia.
Parabéns por ser feliz!

O objetivo da vida não é ser feliz,
mas certamente a felicidade foi criada
para ser livremente sentida.

Luz da madrugada,
traga-me claridade,
serenidade e calma.

Sentir é o nível mais alto da sabedoria.

A solidão inflama a alma.

A sabedoria não tem
como requisito o entendimento.
Você pode reconhecer a grandeza dos oceanos
apenas olhando para eles.

Entre anjos e demônios,
o empoderado absoluto é você.

O problema não é a exceção, mas sim a regra.
Consolide a regra para se permitir a exceção.

Há muito poder em simplesmente
deixar as coisas serem o que são.

O desapego é mais gratificante do que a posse.

As pessoas não somem, elas se retiram da sua vida.

Revelar é trazer à tona aquilo que sempre existiu.

A única forma de tornar o mundo
a moradia divina
é a divindade se escondendo,
e nós, então, a revelando.

Sim, eles mudaram,
mas você também mudou.

Há ganhos e perdas em ser autossuficiente.

Não é porque estou em paz
que não sou bom de guerra.

Em um mundo de sugadores,
medimos a grandeza de um indivíduo
pelos vampiros que o rodeiam.

Pode ser que os bons sejam poucos,
mas esses poucos são bons o suficiente.

O empático escuta
até o que o outro não fala.

Que as nossas escolhas erradas
nunca deem certo.

Você nunca é rejeitado.
Você é redirecionado.

Agradecer por educação não é ser grato.

Não perca a sua calma,
perca o interesse.

Muitas vezes, simplificar
é o caminho mais sofisticado.

É quando o corpo pede para parar
que sua mente começa a trabalhar.

As pessoas não são ruins,
ruins são as suas escolhas.

Serei equilibrado quando eu estiver morto.
Enquanto vivo, sou de altos e baixos.

Se você leva para o lado pessoal
qualquer coisa que falam,
você não entendeu nada.

Descansar não é parar.
Sentir alívio não é se render.
Algumas vezes, recuar fortalece.

Seu instinto está certo
todas as vezes.

Você pode questionar
tudo em sua vida,
menos a sua fé.

Quem abre a porta é sempre Ele,
mas quem bate nela é você.

Está tudo bem se, às vezes,
você não se sente bem.

Se você alguma hora cair
em depressão, lembre-se:
é possível despertar
de qualquer pesadelo.

O equilíbrio não é possível sem que
se conheçam os extremos.

Reconheça os extremos
e cultive a clemência e a tolerância
perante eles.

O guerreiro mais letal
não é o que carrega raiva,
mas, sim, serenidade.

Perante o universo
nós não somos nada.
Aceite sua liderança
e veja milagres acontecerem.

Estou precisando de um milagre.
Ainda bem que eles
acontecem todos os dias.

Não existe fracasso absoluto. Às vezes, você não
conquista o que quer não por incompetência,
mas porque não tem controle total sobre
o desfecho. Isso não significa que não
houve sucesso algum. Quem não ganha
o jogo ganha experiência.

Onde há grande dificuldade,
há também uma grande salvação.

Que as nossas dificuldades
não desapareçam antes
de nos transformar,
razão pela qual elas existiram.

Grande parte de suas dificuldades
vem da negação de que algo em você
tem que ser transformado.

Sua suposta capacidade
é sua própria limitação.
Não somos capazes de nada,
somos capazes de qualquer coisa.

Nunca determine a sua capacidade
com base em suas limitações.

Aceite a intensidade da sua dor. Às vezes ela é mais intensa para que a sua jornada de sofrimento seja mais curta.

Pessoas felizes também sofrem.
Siga feliz, mesmo sofrendo.

Tudo pode — e vai — mudar.

Você já venceu vários obstáculos em sua vida.
Você é capaz de vencer esse também.

Às vezes pedimos algo, mas esse algo vem de outra forma. Não reclame. Se não fosse assim,
você não mudaria.

Desejamos tanto a mudança, mas nunca a recebemos bem quando ela chega, pois raramente ela é familiar, e muito menos prazerosa.

Antes de receber, você será testado. Sempre.

Na maioria das vezes em
que contamos a nossa história,
o foco está nos momentos
desafiadores e negativos.
Raramente lembramos
as bênçãos no caminho.
Comece a incluir na sua retórica
a parte boa de sua vida.

Toda maldição transformada vira bênção.
E a recíproca é verdadeira.

Qualquer pequena transformação
no campo energético
exigirá uma catarse completa.

Quanto maior o trauma,
maior a sua catarse em potencial.

A sensação mais estimulante
do ser humano é a catarse,
seja ela física, emocional ou espiritual.
É o ponto sublime do processo
de cura, limpeza e superação.

Você sobreviverá à tormenta,
mas para isso precisa continuar nadando.

Não existem pré-requisitos para ser feliz.

Amigo de alma,
sei que você está lutando!
Sempre há como continuar a vida.
Continue se entregando!

Lembrete:
você pode estar indo muito melhor
do que você pensa.
Seja gentil consigo mesmo.

A pessoa feliz é aquela
que vive a vida que pode ter.

Talvez a única coisa que lhe falte
seja reconhecer que você já é feliz.

Se você procurar em todos
os cantos e não encontrar,
já sabe onde está: em você.

Obedeço porque sou livre.
Sou devoto por ser livre.
Vivo piamente e livremente.

Cada história de sucesso
consiste em inúmeros pequenos milagres.
Conte os seus!

MATRIX